AF717163

Nicole Weber

Bienen

Spannende Materialien für einen abwechslungsreichen Unterricht

PERSEN

Die Autorin

Nicole Weber arbeitet als Grundschullehrerin in Niedersachsen und veröffentlichte bereits zahlreiche Unterrichtsmaterialien für die Grundschule.

2. Auflage 2023
© 2020 PERSEN Verlag, Hamburg

AAP Lehrerwelt GmbH
Veritaskai 3
21079 Hamburg
Telefon: +49 (0) 40325083-040
E-Mail: info@lehrerwelt.de
Geschäftsführung: Christian Glaser, Sandra Saghbazarian, Robin Schlenkhoff
USt-ID: DE 173 77 61 42
Register: AG Hamburg HRB/126335
Alle Rechte vorbehalten.

Das Werk als Ganzes sowie in seinen Teilen unterliegt dem deutschen Urheberrecht. Die Erwerbenden einer Einzellizenz des Werkes sind berechtigt, das Werk als Ganzes oder in seinen Teilen für den eigenen Gebrauch und den Einsatz im eigenen Präsenz- wie auch dem Distanzunterricht zu nutzen.
Produkte, die aufgrund ihres Bestimmungszweckes zur Vervielfältigung und Weitergabe zu Unterrichtszwecken gedacht sind (insbesondere Kopiervorlagen und Arbeitsblätter), dürfen zu Unterrichtszwecken vervielfältigt und weitergegeben werden.

Die Nutzung ist nur für den genannten Zweck gestattet, nicht jedoch für einen schulweiten Einsatz und Gebrauch, für die Weiterleitung an Dritte einschließlich weiterer Lehrkräfte, für die Veröffentlichung im Internet oder in (Schul-)Intranets oder einen weiteren kommerziellen Gebrauch.
Mit dem Kauf einer Schullizenz ist die Schule berechtigt, die Inhalte durch alle Lehrkräfte des Kollegiums der erwerbenden Schule sowie durch die Schülerinnen und Schüler der Schule und deren Eltern zu nutzen.

Nicht erlaubt ist die Weiterleitung der Inhalte an Lehrkräfte, Schülerinnen und Schüler, Eltern, andere Personen, soziale Netzwerke, Downloaddienste oder Ähnliches außerhalb der eigenen Schule.
Eine über den genannten Zweck hinausgehende Nutzung bedarf in jedem Fall der vorherigen schriftlichen Zustimmung des Verlags.
Sind Internetadressen in diesem Werk angegeben, wurden diese vom Verlag sorgfältig geprüft. Da wir auf die externen Seiten weder inhaltliche noch gestalterische Einflussmöglichkeiten haben, können wir nicht garantieren, dass die Inhalte zu einem späteren Zeitpunkt noch dieselben sind wie zum Zeitpunkt der Drucklegung. Der PERSEN Verlag übernimmt deshalb keine Gewähr für die Aktualität und den Inhalt dieser Internetseiten oder solcher, die mit ihnen verlinkt sind, und schließt jegliche Haftung aus.

Wir verwenden in unseren Werken eine genderneutrale Sprache. Wenn keine neutrale Formulierung möglich ist, nennen wir die weibliche und die männliche Form. In Fällen, in denen wir aufgrund einer besseren Lesbarkeit nur ein Geschlecht nennen können, achten wir darauf, den unterschiedlichen Geschlechtsidentitäten gleichermaßen gerecht zu werden.

Autorschaft: Nicole Weber
Covergestaltung: TSA&B Werbeagentur GmbH, Hamburg
Illustrationen: Katharina Reichert-Scarborough
Satz: Typographie & Computer, Krefeld
Druck und Bindung: Zimmermann Druck + Verlag GmbH, Balve

ISBN: 978-3-403-20586-9
www.persen.de

Inhaltsverzeichnis

Digitales Zusatzmaterial:

- Alle Arbeitsblätter
- Lösungen
- Extras:
  - – Biene zusammensetzen
  - – Bienen-Suchsel
  - – Wer bin ich?
  - – Wir backen einen Honigkuchen
  - – Bienen-Rechnereien
  - – Bienen-Planquadrate
  - – Mein Bienen-Lapbook
  - – Urkunde

Vorwort und Hinweise

Im Sommer summt und brummt es überall bei uns. Noch – denn seit ein paar Jahren kommt es zu einem zunehmenden Bienensterben. Dieses Bienensterben zeigt sich unterschiedlich: Es kommt vor, dass ganze Bienenvölker sterben, manchmal können die Bienen zudem den Winter nicht überstehen.

Bienen sind sehr nützlich für uns und den Erhalt unseres Ökosystems, da sie maßgeblich an der Bestäubung vieler Wild- und Kulturpflanzen beteiligt sind. Damit sorgen sie für eine Artenvielfalt der Pflanzen, die wiederum die Nahrungsgrundlage zahlreicher Tierarten bilden. Da der Großteil der weltweiten Bienenpopulation jedoch seit Jahren stirbt, wurde der 20. Mai nun zum Welttag der Biene ausgerufen. Dieser Tag soll uns daran erinnern, wie wichtig die kleinen Insekten für die Menschheit sind und was wir tun können, damit es die wertvollen Bestäuber weiterhin gibt.

Damit die Bienen weiterhin für die Bestäubung von Pflanzen sorgen können, ist es wichtig, dass wir möglichst viel über die kleinen, fleißigen Lebewesen wissen und die Bedeutung der Bienen bereits Schülern[1] verdeutlichen.

In diesem Themenheft geht es in erster Linie um die westliche Honigbiene. Die Kinder erfahren u. a. etwas über den Körperbau der Biene, die verschiedenen Lebensabschnitte, ihr Bienenvolk, die Aufgaben der einzelnen Bienen und die möglichen Gefahren.
Da die Kinder auch etwas über die Gefährdung der Bienenvölker lernen, kann ein Umweltbewusstsein bei den Kindern angebahnt werden. Sie lernen, achtsam mit den Tieren und mit der Natur umzugehen. Für die Behandlung des Themas eignen sich am besten die Jahreszeiten Frühling und Sommer.

Hinweise zum Aufbau und Einsatz dieses Themenheftes

Dieses Themenheft bietet Ihnen unterschiedliche Materialien für die 1. bis 4. Klasse zum Thema „Bienen“. Sie können jedes Thema einzeln, als Stationslauf oder Werkstatt in Ihrer Klasse einsetzen. Wissen aus verschiedenen Fächern ermöglicht den Kindern ein vernetztes Lernen.

Aufgaben, die mit einem Stern versehen sind, kennzeichnen anspruchsvollere Arbeitsaufträge. Diese können zur qualitativen Niveaudifferenzierung eingesetzt werden.

Außerdem enthält dieses Themenheft Arbeitsblätter mit besonderen Schwerpunkten, die Sie an folgenden Symbolen erkennen:

Projekt | Spiel | Rätsel | Interview

Am Ende des Heftes finden Sie außerdem eine Liste mit wichtigen Fachbegriffen sowie eine Lernzielkontrolle mit Fragen zum Inhalt des gesamten Heftes.

Zusatzmaterial

Das Zusatzmaterial (Download) enthält

- die Arbeitsblätter dieses Heftes im editierbaren Word-Format, sodass Sie die Arbeitsblätter selbst anpassen können,
- die Lösungen zu den Arbeitsblättern (PDF) und
- Extras.

1 Wir sprechen hier wegen der besseren Lesbarkeit von Schülern bzw. Lehrern in der verallgemeinernden Form. Selbstverständlich sind auch alle Schülerinnen und Lehrerinnen gemeint.

© PERSEN Verlag

Vorwort und Hinweise

Tipps für die Praxis

- Die Einführung in das Thema kann anhand eines Gedankenschwarms geschehen. Auch ein Kugellager bietet sich an. Die Methode des Kugellagers kann zur Wiederholung einzelner Aspekte, z. B. der Entwicklung der Biene, genutzt werden. Die Einführung kann zudem anhand eines Liedes erfolgen, z. B. des alten Kinderliedes „Summ, summ, summ".
- Die Texte auf den Arbeitsblättern sind teilweise etwas länger, sodass auch stärkere und ältere Schüler entsprechend gefordert werden. Leistungsschwächeren Schülern können diese Texte z. B. von einem Partner oder der Lehrkraft vorgelesen werden. Eine weitere Möglichkeit besteht darin, die Texte zuvor auf einen Aufnahmestift zu sprechen. Die Schüler haben dann die Möglichkeit, sich die Texte häufiger anzuhören.
- Zum Ende der Einheit können die Schüler ein Lapbook (dieses finden Sie im Downloadbereich) basteln, in dem die Arbeitsergebnisse festgehalten werden. Für das Bienen-Lapbook müssen die Vorlagen mehrfach kopiert werden. Zudem wird ein Bogen Pappe im DIN-A3-Format für jeden Schüler benötigt.
- Auch das Sammeln der Ergebnisse in einem Bienenheft oder in einer Bienenmappe ist möglich.
- Soll das vorliegende Material als Lernstationen angeboten werden, müssen die Arbeitsblätter Stationenüberschriften erhalten und ein Laufzettel angefertigt werden.

Aktionen rund um die Biene

- Nicht nur auf dem Land, sondern auch in Städten können Bienen beobachtet werden. In Parks, Grünlagen oder beim Urban Beekeeping. Die Bienen werden dort auf Dächern der Häuser gehalten.
- Auch der Besuch eines Imkers ist zu empfehlen, vorausgesetzt, die Kinder sind nicht allergisch gegen Bienenstiche.
- Veranstalten Sie mit ihrer Klasse ein Bienenfest, zu dem auch die Eltern und Großeltern eingeladen werden. Es bietet sich an, eine kleine Ausstellung mit Informationen rund um die Biene vorzubereiten. Weiterhin können eine Honigsortenverkostung, Herstellung von Wachskerzen oder die Besichtigung eines Wildblumenbeetes integriert werden.

Gedankenschwarm

1. Lies dir den Teil des Gedichts durch.

Summm, summm, summm,
Bienchen, summ herum.
Such in Blumen, such in Blümchen
Dir ein Tröpfchen, dir ein Krümchen.
Summm, summm, summm,
Bienchen, summ herum.

Summm, summm, summm,
Bienchen, summ herum.
Kehre heim mit reicher Habe,
Bau uns manche volle Wabe.
Summm, summm, summm,
Bienchen, summ herum.

(Auszug des Gedichts von August Heinrich Hoffmann von Fallersleben, 1835)

2. Worum geht es in diesem Gedicht?

____

____

____

3. Schreibe deine Ideen zu diesem Thema auf einem Zusatzblatt auf. Gestalte dazu einen Gedankenschwarm. Die Abbildung kann dir dabei behilflich sein.

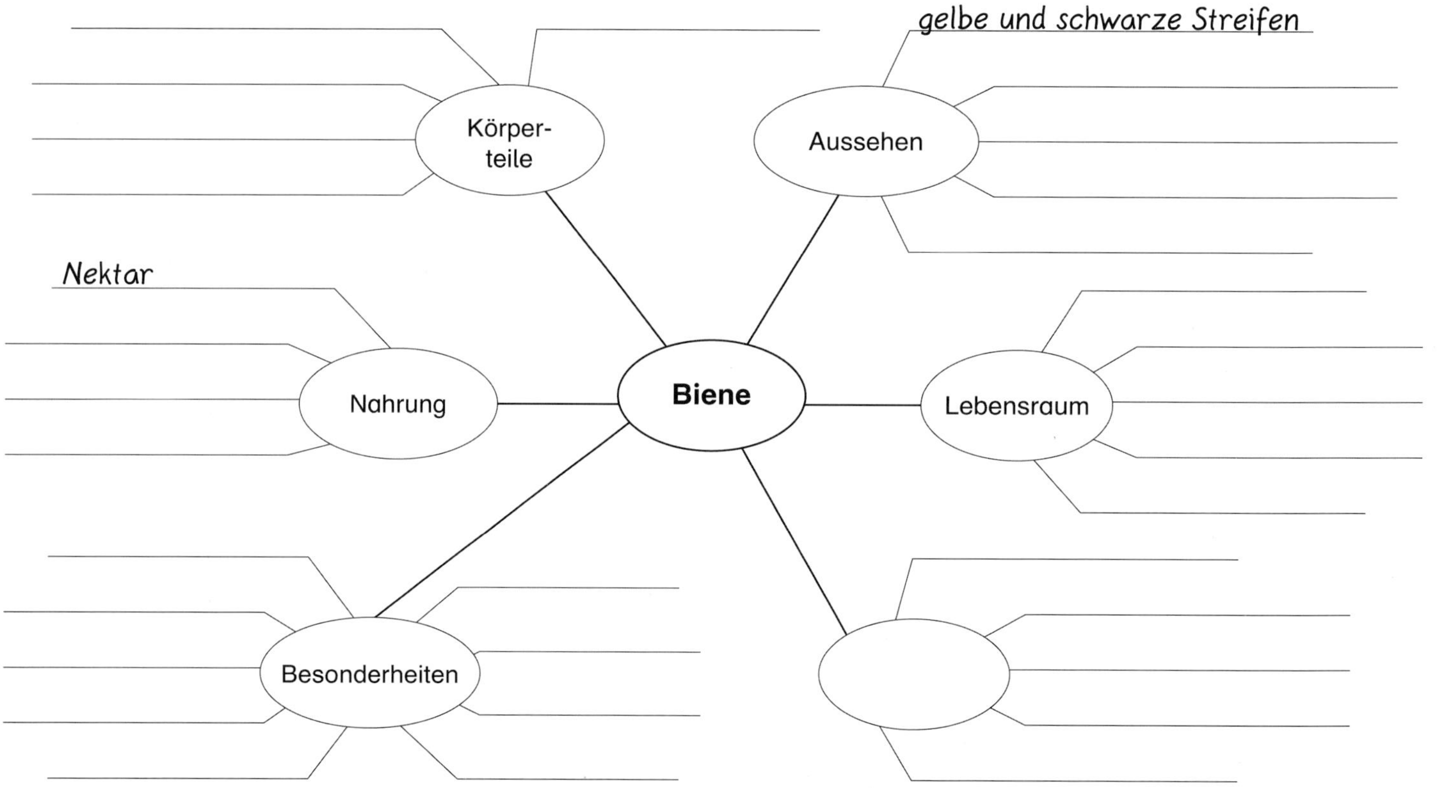

© PERSEN Verlag

Beschreibung

1. **Schaue dir das Bild genau an.**

2. **Beschreibe die Biene so genau wie möglich.**

3. **Hast du schon Erfahrungen mit Bienen gemacht? Berichte.**

© PERSEN Verlag

Körperbau der Biene 1

1. Lies den Text.

2. Unterstreiche im Text folgende Wörter:

Pollenhöschen • Beine • Facettenaugen • Hinterleib • Kopf • Flügel
Brust • Fühler • Stachel • Mundwerkzeuge • Rüssel

Die Biene gehört zu den Insekten. Sie hat einen dreigeteilten Körper, der aus Kopf, Brust und Hinterleib besteht.
Der Körper der Biene ist behaart und wird durch einen harten Panzer gehalten. Dieser Panzer besteht aus Chitin und ist das Skelett der Biene. Mit den Haaren kann sie Gerüche und Bewegungen wahrnehmen. Bienen gehören zu den Hautflüglern, weil ihre vier Flügel aus einem durchsichtigen, hautähnlichen Material bestehen. Die Biene hat sechs Beine.
Der Körper der Biene ist dunkelbraun. Die hellen Haare der Biene lassen sie gestreift aussehen.
Bienen besitzen Facettenaugen. Diese bestehen aus vielen Tausend kleinen Augen, mit denen sie in alle Richtungen schauen können. Außerdem sitzen am Kopf die Fühler. Damit kann die Biene tasten und riechen.
Zum Saugen des Nektars aus den Blüten benutzt die Biene ihre Mundwerkzeuge. Mit ihrem Rüssel trinkt sie den Nektar. Außerdem füttert sie damit auch die Larven und baut die Waben.
Wenn die Biene von Blüte zu Blüte fliegt und Pollen sammelt, bleiben die Pollen an ihrem Körper hängen und es bilden sich kleine Pollenhöschen.
Anschließend bringt die Biene die Pollen zum Bienenstock oder bestäubt andere Pflanzen damit. Die Biene ist also sehr nützlich, denn sie trägt dazu bei, dass wieder neue Pflanzen entstehen können.
Nur die weiblichen Bienen besitzen einen Stachel. Wenn sie angegriffen werden oder sich bedroht fühlen, können sie sich damit wehren. Stechen sie zu, bleibt der Stachel in der Haut stecken und die Biene stirbt.

3. Beantworte die Fragen.

Wozu zählen Bienen? Kreuze an.

- ☐ Säugetiere
- ☐ Vögel
- ☐ Insekten

Wie viele Beine haben Bienen? Kreuze an.

- ☐ 4
- ☐ 6
- ☐ 8

Wozu benutzt die Biene ihre Mundwerkzeuge?

____

Wozu benutzen Bienen ihre Fühler?

____

Was sind Pollenhöschen?

____

Warum sind Bienen so nützlich? Unterstreiche die Antwort im Text.

© PERSEN Verlag

Körperbau der Biene 2

1. Beschrifte das Bild der Biene.
Diese Wörter helfen dir dabei:

Pollenhöschen • Beine • Facettenaugen • Hinterleib • Kopf • Flügel
Brust • Fühler • Mundwerkzeuge/Rüssel

2. Male die Biene in den richtigen Farben an.

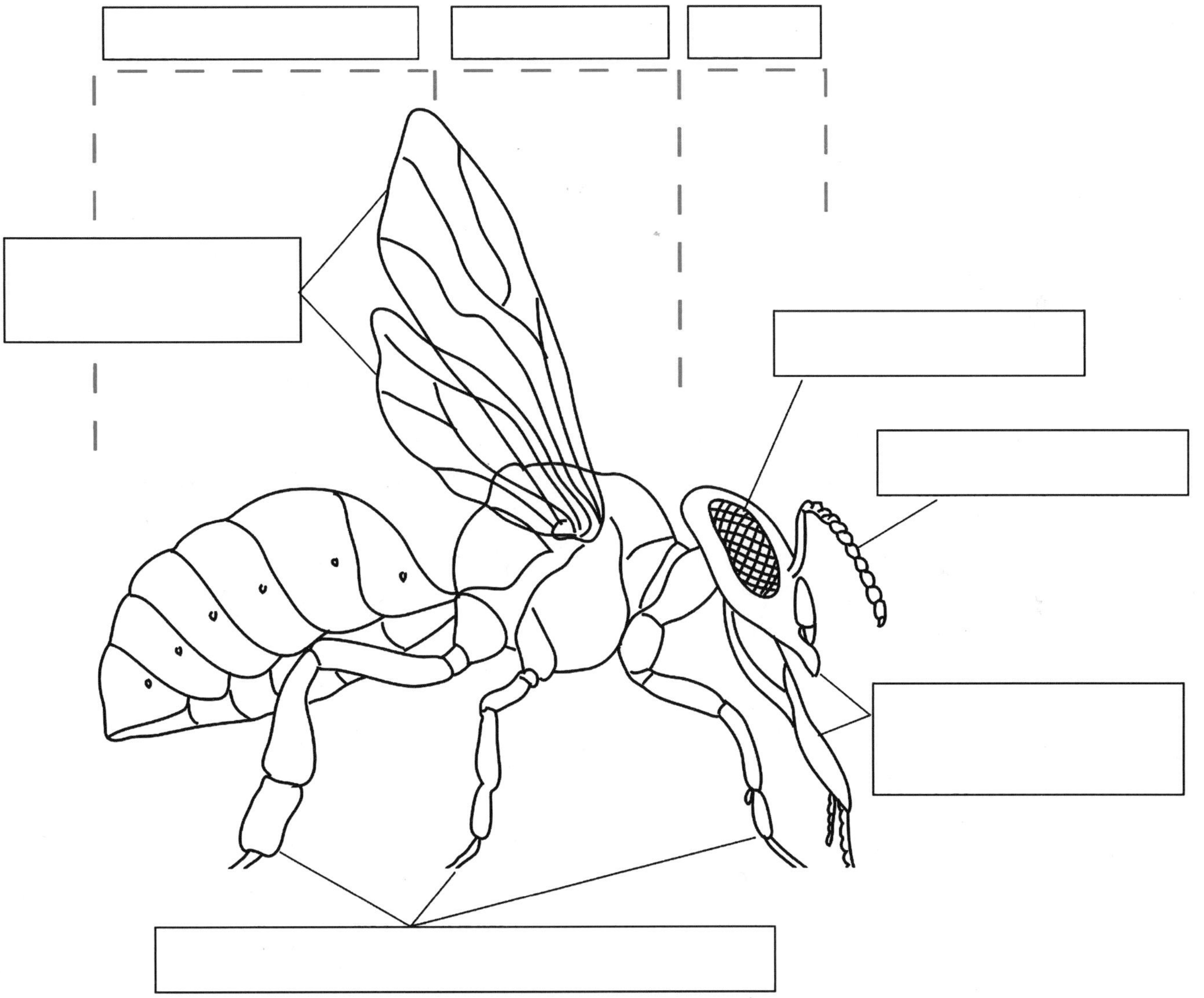

Warum haben Bienen Facettenaugen? Forsche dazu im Internet und schreibe es auf.

© PERSEN Verlag

Verwandte der Bienen

1. Lies den Text.

Die Honigbiene ist die bekannteste Bienenart bei uns und unser kleinstes Haustier. Neben der Honigbiene gibt es noch mehr als 500 Wildbienenarten in Deutschland. Wildbienen sammeln den Nektar aus den Blüten, doch sie machen daraus keinen Honig. Sie benötigen den Nektar und die Pollen als Nahrung. Ihre Nester legen sie in den Boden, in den sie Löcher graben. Aber auch in kleinen Höhlen, Mauern oder Stängeln leben sie.
Die Hummel zählt ebenfalls zu der Familie der Bienen. Wie die Honigbiene lebt sie in einem großen Volk zusammen.
Wespen und Hornissen sind eng mit der Honigbiene verwandt. Sie gehören, wie die Honigbiene, zu den Hautflüglern. Auch die Ameisen gehören dazu, obwohl die meisten gar keine Flügel haben.

2. Beschrifte die verschiedenen Insekten.

____

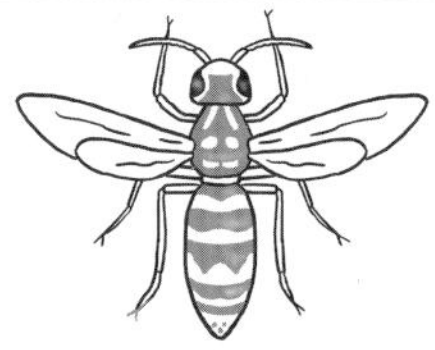

____

____

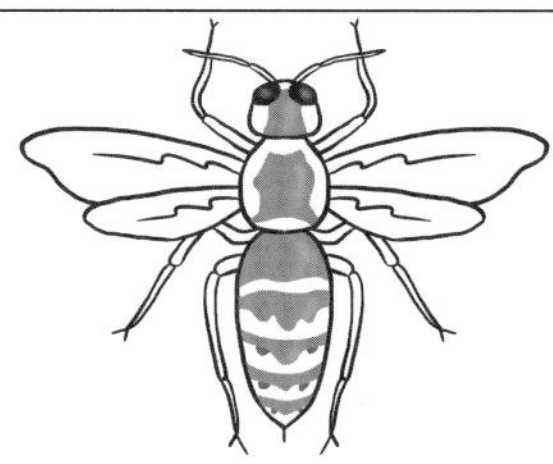

____

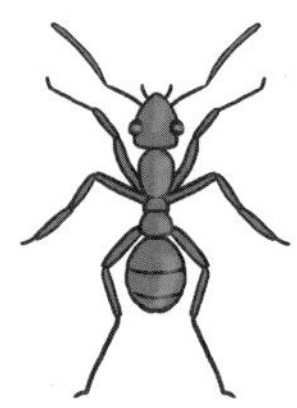

____

3. Beantworte die Fragen.

Wie viele verschiedene Wildbienenarten gibt es? Kreuze an.

☐ mehr als 500 ☐ mehr als 700 ☐ 120

Was machen die Wildbienen mit dem Nektar? Unterstreiche die Antwort im Text.

Welche Insekten gehören in die Familie der Bienen?

____

Welche Insekten gehören zu den Hautflüglern?

____

Erkundige dich im Internet über Wespen, Hornissen und Hummeln. Wenn du willst, kannst du ein Kurzreferat zu diesen Insekten halten.

© PERSEN Verlag

Das Volk der Bienen

1. Fülle die Lücken mit folgenden Wörtern:

alte	50000	Bienenkönigin	Honig	Larven	Völkern
Nester	Drohnen	Arbeiterbienen	Bienenstock	Dinosaurier	

Bienen gibt es schon sehr lange. Sie lebten bereits zur Zeit der ____________________. Schon vor über 5000 Jahren wussten die Menschen, dass die Honigbienen Honig herstellen. Die Menschen nutzen das Wachs und den ____________________ der Bienen.

Viele unserer Wildbienenarten leben nicht in großen ____________________, sondern allein. Es gibt auch Bienenarten, die ihre Eier in schon vorbereitete ____________________ anderer Bienenarten legen.

Honigbienen leben aber in einem großen Volk zusammen. Innerhalb eines Bienenvolkes gibt es die ____________________, die Arbeiterbienen und die Drohnen. Die ____________________ sind die männlichen Bienen. Von den ____________________ gibt es am meisten. Sie sind die weiblichen Bienen und sehr fleißig: Sie säubern die Zellen, versorgen die ____________________, bauen die Waben und sammeln die Pollen.

Ein einzelnes Bienenvolk besteht aus ungefähr ________________ Bienen. Zu einem Volk können aber auch bis zu 80000 Bienen gehören. Die Bienen wohnen in einem ____________________, auch Beute genannt. Jedes Volk hat nur eine Bienenkönigin, die die Eier legt. Wenn im Frühsommer alle Waben voll Larven und Honig sind, wird eine neue Königin herangezüchtet und kurz vor dem Schlüpfen verlässt die ____________ Bienenkönigin mit einem Teil ihres Volkes den Bienenstock. Es darf nur eine Bienenkönigin pro Volk geben.

Finde im Internet oder in Büchern heraus, wie die alte Bienenkönigin mit einem Teil ihres Volkes eine neue Behausung findet.

© PERSEN Verlag

Die Bienenkönigin, die Arbeiterbienen, die Drohnen 1

1. Lies die Texte.

In einem Bienenvolk gibt es Arbeiterbienen, Drohnen und eine Bienenkönigin.

Die Bienenkönigin

Die Bienenkönigin kann bis zu vier Jahre alt werden. Sie wird etwas größer als ihre Arbeiterbienen. Sie muss keinen Honig sammeln. Nach ihrem Schlüpfen wird sie von den männlichen Bienen umgeben. Die Königin paart sich mit einigen Drohnen während des Hochzeitsfluges und legt dann ihre Eier in den Bienenstock. Sie legt im Frühling und im Sommer ca. 2000 Eier am Tag.
Die Larven schlüpfen nach vier Tagen aus den Eiern. Zuerst sind sie etwas gebogen, doch nach zehn Tagen verpuppen sie sich. 21 Tage dauert es, bis die Bienen dann schlüpfen. Es liegt nur am Futter, ob eine Arbeiterbiene oder eine Bienenkönigin aus dem Ei schlüpft. Bienenköniginnen erhalten den zuckerhaltigen Futtersaft Gelee Royal durchgehend. Die Arbeiterbienen erhalten ihn nur in den ersten drei Tagen. Die Bienenkönigin wird von den Arbeiterbienen gefüttert und sogar gesäubert.

Die Drohnen

Die männlichen Bienen entwickeln sich aus unbefruchteten Eiern.
Sie haben also keinen Vater. Sie sind größer als die Arbeiterbienen, aber nicht so groß wie die Bienenkönigin. Sie haben große Facettenaugen und sie haben keinen Stachel. Es gibt nur wenige Drohnen in einem Bienenstock. Sie haben nur eine Aufgabe: sich mit einer Bienenkönigin zu paaren. Sie fliegen zu einem Hochzeitsflug aus. Die Bienenkönigin paart sich mit ungefähr 20 Drohnen. Die Drohnen sterben nach der Paarung.
Die männlichen Bienen heißen Drohnen, weil sie lauter fliegen als weibliche Bienen, sie dröhnen also. Wenn nach dem Hochzeitsflug noch Drohnen im Bienenstock vorhanden sind, werden diese am Ende des Sommers aus dem Stock verscheucht, weil sie keine Aufgabe mehr haben.

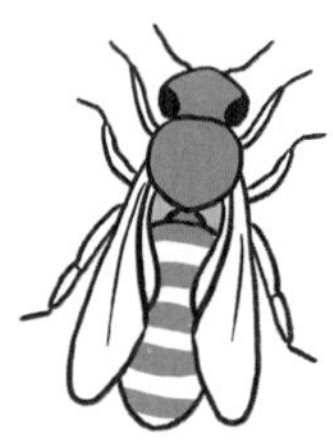

Die Arbeiterbienen

Die Arbeiterbienen werden nicht alt, sie leben nur ein paar Wochen. Nach dem Schlüpfen machen sie erst einmal ihre Zellen sauber. Sie werden dann Stockbienen genannt. Im Anschluss sorgen sie für die Larven und füttern sie mit Pollen.

Danach füttern sie die Larven mit Futtersaft und kümmern sich auch um die Bienenkönigin. Sie bauen die Waben und produzieren dafür Wachs. Ein paar Tage lang sind sie Wächterbienen und beschützen den Eingang des Bienenstocks. Durch Tasten mit ihren Fühlern prüfen sie, ob die Biene, die hereinfliegen will, auch wirklich zum Bienenstock gehört. Sie lassen keine fremden Tiere hinein.
Erst wenn die Arbeiterbienen drei Wochen alt sind, fliegen sie aus, um Pollen und Nektar zu sammeln. Sie werden dann zur Sammelbiene. Arbeiterbienen haben einen Stachel.

© PERSEN Verlag

2. Fülle die Tabelle aus.

		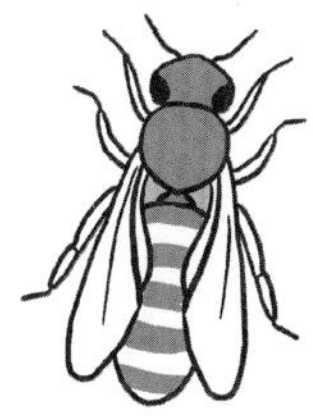
Name: ______________	Name: ______________	Name: ______________
Aufgaben:	Aufgaben:	Aufgaben:
______________	______________	______________
______________	______________	______________
______________	______________	______________
	______________	______________
		______________

3. Schneide die Kärtchen aus.

4. Klebe sie an die richtige Stelle in der Tabelle.

Ich kann bis zu vier Jahre alt werden.	Wir füttern die Larven und die Bienenkönigin.	Ich habe den guten Saft nur in den ersten Tagen erhalten.
Von uns gibt es nicht so viele.	Wir sammeln Pollen und Nektar und bringen alles in den Bienenstock.	Wir entwickeln uns aus unbefruchteten Eiern.
Wir fliegen zu einem Hochzeitsflug.	Für das Ablegen der Eier bin ich zuständig.	Gefüttert wurde ich die ganze Zeit mit dem guten Gelee Royal.
Leider haben wir keinen Stachel.	Einen Stachel habe ich auch.	Wir sind für die Paarung zuständig.
Honig sammeln muss ich nicht.	An einigen Tagen unseres Lebens bauen wir Zellen.	Wir sind größer als die Arbeiterbienen, aber kleiner als die Bienenkönigin.
Leider werden wir nur ein paar Wochen alt.	Ich werde etwas größer als meine Arbeiterbienen.	Wir haben einen Stachel.

© PERSEN Verlag

Die Bienenkönigin, die Arbeiterbienen, die Drohnen 3

Bienenkönigin	Arbeiterbiene	Drohne
	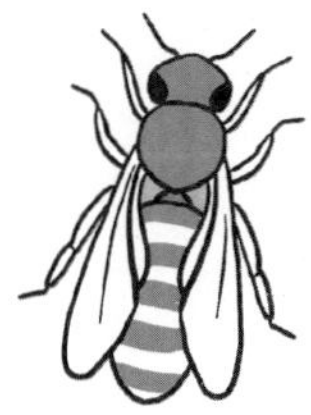	

Wer muss härter arbeiten, die Bienenkönigin oder die Arbeiterbiene? Begründe deine Meinung.

© PERSEN Verlag

Steckbrief

1. Lies den Text.

Größe, Gewicht und Aussehen

Die Biene zählt zu den Insekten. Sie ist sehr leicht. Die Arbeiterbienen sind nur 82 Milligramm schwer. Sie werden ca. 11–13 Millimeter lang. Die Biene hat einen dreigeteilten Körper. Sie hat sechs Beine. Der ganze Körper ist behaart und dunkelbraun. Die hellen Haare der Biene lassen sie gestreift aussehen. Bienen besitzen Facettenaugen.
Diese bestehen aus vielen Tausend kleinen Augen.

Lebensraum

Die Honigbiene wohnt mit ihrem Volk in einem Bienenstock, der von einem Imker aufgestellt wurde. Der Imker stellt den Stock meist in einem Gebiet auf, in dem die Bienen viele Blüten anfliegen können.

Nahrung

Bienen sind Vegetarier, sie fressen also nur pflanzliche Nahrung. Bienen sammeln Nektar und Blütenpollen von den Pflanzen. Besonders gerne mögen sie Klee, Löwenzahn, Sonnenblumen, Raps und Apfelbäume. Auch Honigtau fressen sie. Honigtau wird von anderen Insekten, wie Blattläusen, produziert. Der Honig, den die Bienen herstellen, ist die Nahrungsquelle für den Winter.
Außerdem trinken sie Wasser.

Nachwuchs

Die Bienenkönigin legt die Eier. Sie legt in jede Zelle genau ein Ei. Die Larven schlüpfen nach vier Tagen und am 21. Tag schlüpft die Biene aus den Zellen.

Feinde

Die Biene hat viele Feinde. Vögel, Bienenläuse, Wespen, Spinnen und Mäuse – sie alle gehören zu den Feinden der Biene. Der Bienenwolf gehört zu den Wespen und ist ein besonderer Feind. Er ist ein Insekt und verwandt mit der Biene. Der Bienenwolf sticht die Biene und lähmt sie damit. Er bringt die Bienen seinen Larven zum Fressen. Der Bienenfresser ist ein Vogel, der sich die Bienen im Flug schnappt. Er schlägt sie gegen einen Ast, die Giftblase der Biene leert sich und der Vogel kann die Biene fressen. Auch bestimmte Milben befallen die Honigbiene. Dieser Befall kann ganze Bienenvölker bedrohen.
Und auch wir Menschen sind schuld am Sterben der Bienen. Um die Pflanzen auf dem Feld vor Ungeziefer zu schützen, werden oft Schutzmittel gespritzt. Diese sind aber schädlich für die Bienen.

Besonderheiten

Die Biene ist für uns sehr wichtig. Zum einen erhalten wir den leckeren Honig von ihr und zum anderen bestäubt sie Pflanzen.
So können neue Pflanzen entstehen und diese Pflanzen bekommen dadurch ihre Früchte. Bienen stellen selbst Wachs her.

2. Fülle den Steckbrief* aus. Forsche dazu auch im Internet.

© PERSEN Verlag

Steckbrief

Größe: ______________________

Gewicht: ______________________

Aussehen: ______________________

____

Klasse: ______________________

Lebensraum: ______________________

Nahrung: ______________________

Nachwuchs: ______________________

Feinde: ______________________

Sprache: ______________________

Besonderheiten: ______________________

____

____

____

____

Was weißt du noch alles über die Biene? Schreibe es auf.

____

____

____

____

____

© PERSEN Verlag

Darum sind Bienen wichtig

1. Lies den Text.

Im Sommer summt und brummt es überall auf den Wiesen. Die fleißigen Bienen sind sehr wichtig für uns. Ohne die kleinen Insekten würde es im Supermarkt sehr leer aussehen. Die Bienen stellen nämlich nicht nur Honig her, sie sorgen auch dafür, dass sich Pflanzen vermehren können.

Aber wie das? Wenn die Biene von Blüte zu Blüte fliegt, bestäubt sie die Pflanzen. Und das passiert ganz automatisch: Während sie den Nektar aus den Blüten saugt, bleibt Blütenstaub an den Haaren der Biene hängen. Dieser Blütenstaub wird Pollen genannt. Die Biene streift die Pollen mit den Hinterbeinen ab und es gelangt noch etwas Nektar zu den Pollen. Die Pollen sammeln sich in einer Falte an den Hinterbeinen. Diese Anhäufung von Pollen wird auch Pollensack oder Pollenhöschen genannt. Wenn die Biene dann zur nächsten Blüte fliegt, nimmt sie die Pollen mit und bestäubt dadurch die andere Pflanze. So können neue Samen und Früchte entstehen.

Die Bestäubung funktioniert so gut, weil Bienen immer bei einer Blütenart bleiben. Hat sich eine Biene für einen Apfelbaum entschieden, fliegt sie danach nur zu Apfelbäumen und nicht zu Birnbäumen.

2. Kreuze die richtigen Antworten an.

Bienen sind …

- ☐ unwichtige Tiere für uns.
- ☐ sehr wichtige Tiere für uns.
- ☐ uns völlig egal.

Bienen …

- ☐ fliegen immer zu unterschiedlichen Blüten.
- ☐ fliegen immer nur zu einer Blütenart.
- ☐ ist es völlig egal, zu welcher Blüte sie fliegen.

Bienen …

- ☐ helfen zur Bestäubung von Pflanzen.
- ☐ sind unwichtig für andere Pflanzen.
- ☐ helfen nicht zur Vermehrung von Pflanzen.

Bienen …

- ☐ stellen nichts her.
- ☐ können Honig produzieren.
- ☐ können Kuchen backen.

© PERSEN Verlag

Blütenbestäubung

1. Sieh dir die Bilder an.

2. Beschreibe die Bestäubung der Blüte durch die Biene.

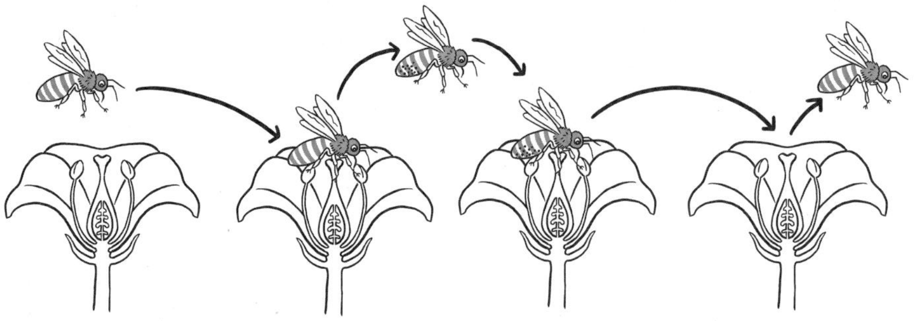

1)

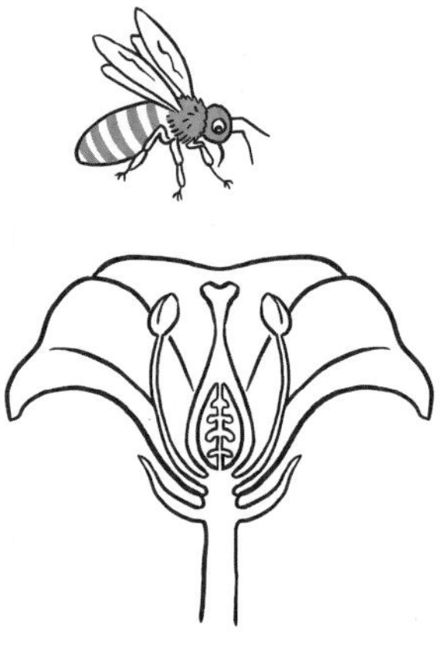

2)

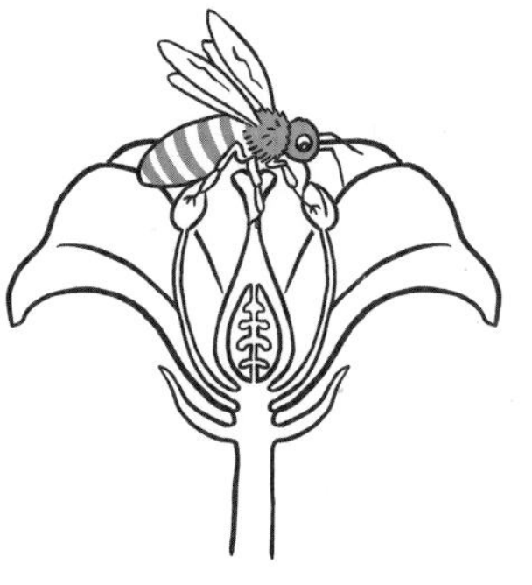

3)

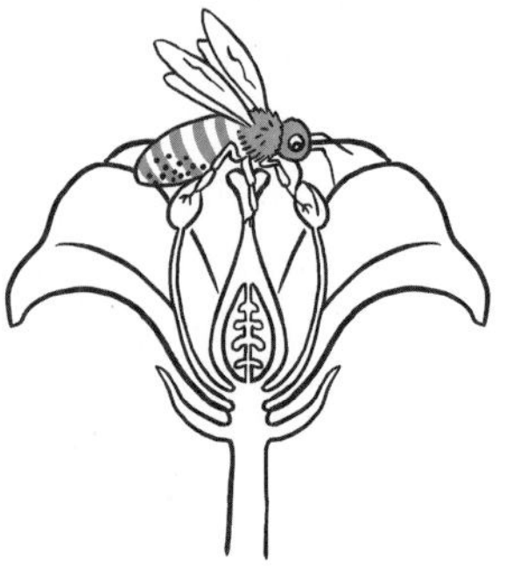

4)

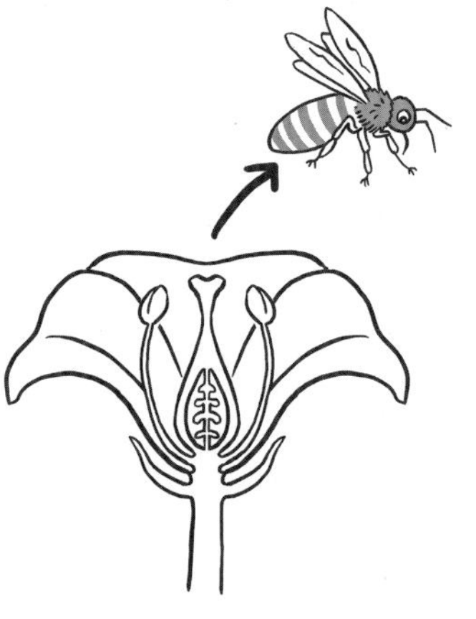

© PERSEN Verlag

Entwicklung der Bienen

1. Schneide die Dominokarten aus.

2. Mische die Karten und lege das Domino. Beginne mit der Startkarte.

Start	Die Bienenkönigin sammelt nach der Paarung die Samen in einer Samenblase. Sie kann ihre Eier damit selbst befruchten.	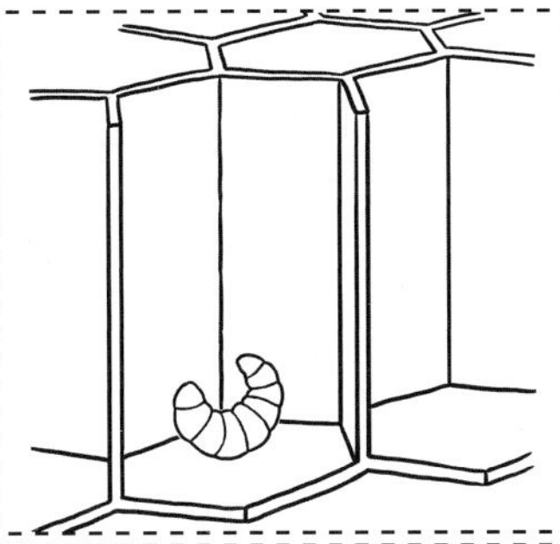	Die Arbeiterbienen füttern die Larve mit Futtersaft.
	Die Arbeiterbienen haben Zellen vorbereitet. Diese haben sie aus Wachs hergestellt, den sie selbst aus Drüsen produzieren.	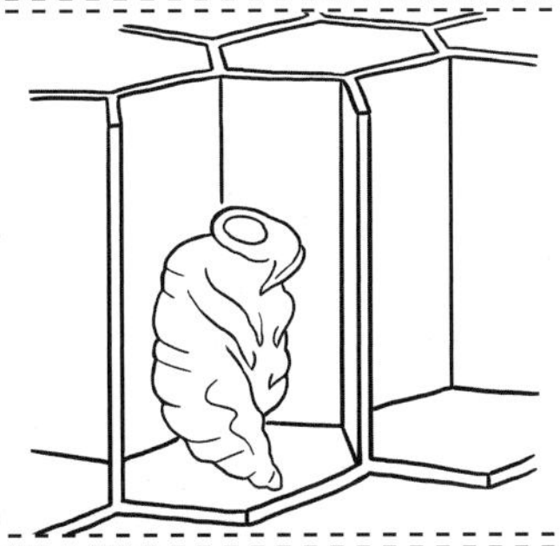	Die Larve wächst sehr schnell.
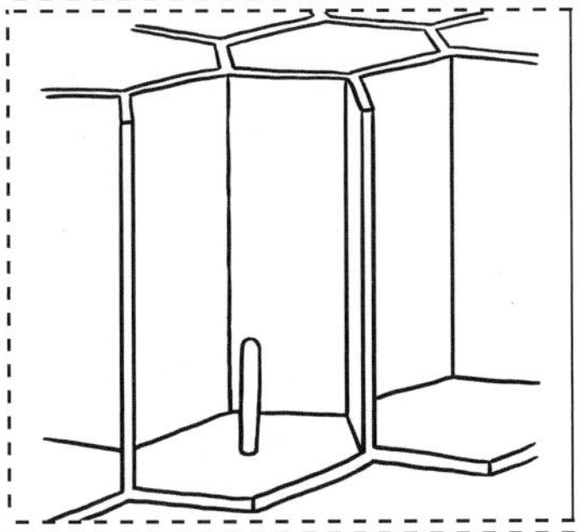	Nach vier Tagen schlüpft aus dem Ei eine Larve.	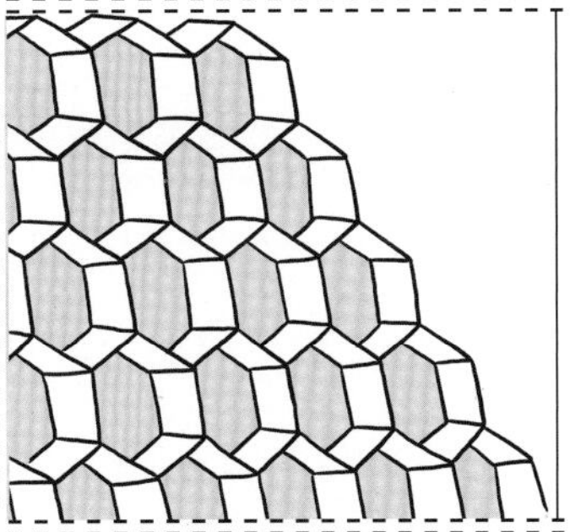	Die Bienenkönigin legt in jede Zelle genau ein Ei. Sie legt bis zu 2000 Eier am Tag.
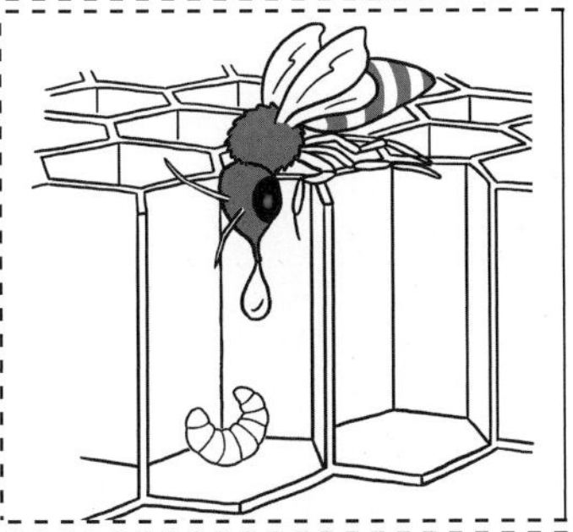	Die Larve verpuppt sich.	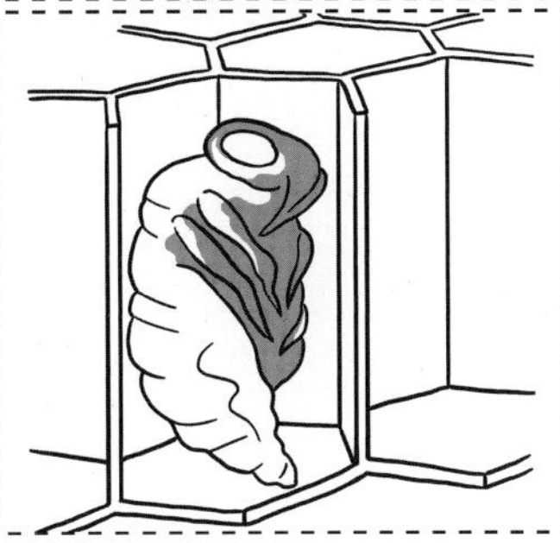	Am zehnten Tag beginnt sich die Larve zu häuten. Am 21. Tag schlüpft die Biene aus der Zelle.
	**Ende**		

© PERSEN Verlag

Nahrung

1. Was fressen Bienen? Schneide die richtigen Bilder aus und klebe sie auf das Bild.

2. Was fressen Bienen? Kreuze an.

☐ nur Fleisch ☐ Fleisch und Pflanzen ☐ nur Honigtau und Pflanzensaft

© PERSEN Verlag

Honigherstellung

1. Lies dir das Interview durch, das Wilma Waschbär geführt hat.

Wilma Waschbär: Heute treffe ich den Imker Dirks. Ah, da sehe ich ihn ja schon hinten auf der Wiese. Hallo, Herr Dirks.

Imker Dirks: Hallo, Wilma. Schön, dass du mich heute bei meinen Bienen besuchst. Bevor du näher kommst, musst du dir aber erst einen Schutzanzug, Schutzhandschuhe und eine Schutzhaube aufsetzen, damit du vor den Bienenstichen geschützt bist. Außerdem bringe bitte den Rauchapparat mit, den Smoker, damit die Bienen beruhigt werden und uns nicht angreifen.

Wilma Waschbär: Was passiert eigentlich hier in diesem Bienenstock?

Imker Dirks: Das erkläre ich dir gerne in allen Einzelheiten. Du weißt, dass viele Menschen gerne goldgelben Honig essen. Es gibt den Honig in vielen verschiedenen Arten: Akazienhonig, Wildblütenhonig, Waldhonig und viele Sorten mehr. Hast du dich schon einmal gefragt, wo der Honig herkommt? Honig ist ein reines Naturprodukt und wird von den Bienen hergestellt, um damit ihre Larven zu füttern und ihn im Winter zu fressen.

Wilma Waschbär: Das ist ja spannend! Wie können denn die Bienen den Honig herstellen?

Imker Dirks: Die Bienen verlassen den Bienenstock und machen sich auf die Suche nach Blüten. Hat die Biene eine Blüte entdeckt, setzt sie sich darauf und trinkt den Nektar mit ihrem Rüssel. Sie sammelt den Nektar in ihrer Honigblase im Magen.

Wilma Waschbär: Was passiert dann?

Imker Dirks: Dann fliegt die Biene zu ihrem Bienenstock zurück. Im Bienenstock angekommen, gibt die Biene den Nektar über ihren Saugrüssel an die anderen Bienen weiter. Sie würgt ihn also wieder aus und fügt noch einzelne Stoffe, wie ihre Spucke, hinzu. Durch diese Weitergabe wird aus dem Nektar ein halbfertiger Honig. Nun wird der Honig von einer Stockbiene in die Zellen gefüllt. Die Bienen benutzen ihre Flügel zum Trocknen des Honigs. Sie fächeln ihm mit den Flügeln Luft zu. Die komplett gefüllte Zelle wird mit Wachs verklebt und somit verschlossen. Hier kann der Honig noch etwas austrocknen und weiterreifen. Wenn die Waben verdeckelt sind, ist der Honig fertig. Der Honig ist für die Bienen im Winter sehr wichtig, da sie dann keine Nahrung finden und auf den Honig zurückgreifen können.

© PERSEN Verlag

Honigherstellung

Wilma Waschbär: Aber dann ist der Honig ja in den Zellen. Wie kommt er da wieder raus?

Imker Dirks: Nun kommt die eigentliche Arbeit des Imkers. Ich kümmere mich um meine Bienenvölker. Meine Völker leben ja in einem speziellen Bienenstock, in dem sich Holzrahmen mit Waben befinden. In diesen Waben sammeln die Bienen den Honig. Wenn sie genug Honig in die Waben gebracht haben, nehme ich die Holzrahmen mit den Honigwaben heraus. Nun kratze ich vorsichtig die Deckel aus Wachs von den Waben und stecke die Holzrahmen in eine Maschine. In dieser Honigschleuder werden die Rahmen schnell geschleudert und der flüssige Honig läuft unten heraus. Nun muss der Honig noch ein paar Wochen ruhen und ab und zu umgerührt werden.

Wilma Waschbär: Macht es den Bienen nichts aus, wenn du ihnen den Honig wegnimmst?

Imker Dirks: Nein. Ich stelle ihnen eine Schale mit Zuckerwasser in den Bienenstock. Das ist dann praktisch der Lohn für ihre Arbeit.

Wilma Waschbär: Musst du dich im Winter um die Bienen kümmern?

Imker Dirks: Nein, im Winter bleiben die Bienen, also die Winterbienen mit der Königin, in ihrem Bienenstock und ich muss mich erst im Frühjahr wieder um meine Bienen kümmern.

Wilma Waschbär: Wir können den Bienen dankbar sein für diese Leckerei. Sie müssen für den Honig sehr hart arbeiten.

Imker Dirks: Das kann man wohl sagen! Für ein Glas Honig muss eine Biene weit fliegen und eine Menge Nektar sammeln.

2. Wie wird Honig hergestellt?
Schneide das Faltheft aus.
Falte es.
Schreibe zu jeder Seite ein bis zwei passende Sätze.

© PERSEN Verlag

So wird Honig hergestellt

1

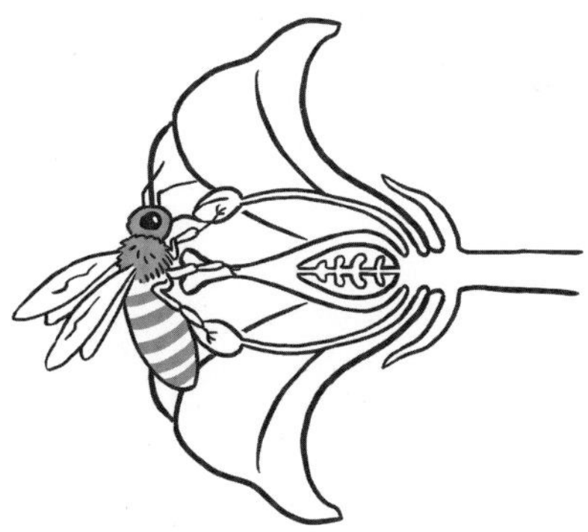

2

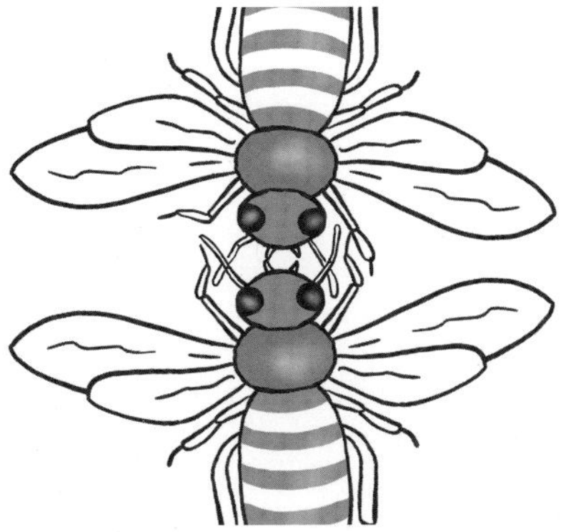

3

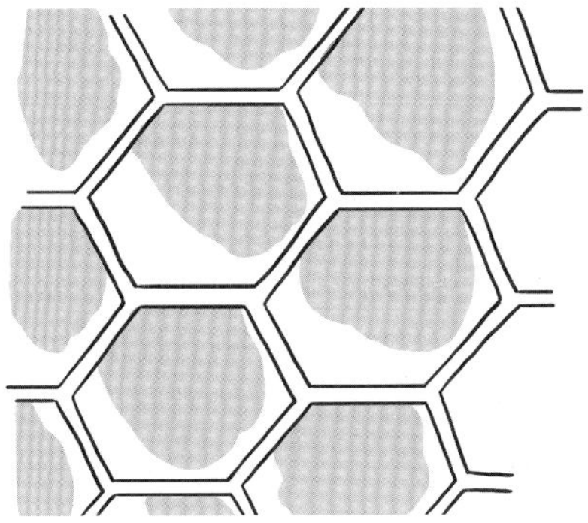

4

5

6

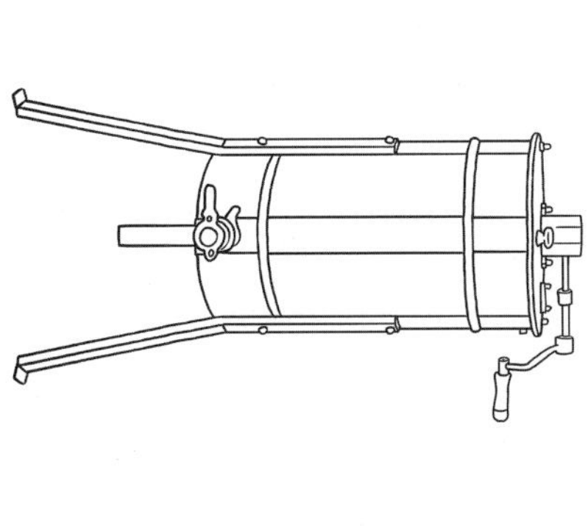

7

Wie kannst du dir erklären, dass es so viele verschiedene Honigsorten gibt?

© PERSEN Verlag

Feinde und Gefahren

1. Male die Feinde und Gefahren für Bienen an.

2. Welche Feinde und Gefahren sind auf dem Bild zu sehen? Schreibe sie auf.

© PERSEN Verlag

Bienensterben

1. Lies den Text.

Im Sommer summt und brummt es überall bei uns. Noch – denn seit ein paar Jahren kommt es zu einem immer größeren Bienensterben. Viele Bienen, besonders Wildbienen, werden immer weniger. Da Bienen aber sehr wichtig für uns sind, muss dringend etwas getan werden! Wenn es nicht mehr so viele Bienen gibt, wird es auch nicht mehr so viel Obst und Gemüse geben. Wir sind auf die Bestäubung der Bienen angewiesen.

Woran das Bienensterben liegt, weiß man nicht so genau. Es gibt mehrere Vermutungen. Zum Beispiel befallen bestimmte Parasiten oder Milben die Honigbienen. Dieser Befall kann ganze Bienenvölker bedrohen.

Aber auch der Mensch ist schuld am Sterben der Bienen. Er benutzt nämlich für seine Felder Pflanzenschutzmittel und Insektizide. Dies soll verhindern, dass Pflanzen von Ungeziefern befallen werden. Dabei werden aber auch die nützlichen Insekten, wie die Bienen, geschädigt. Außerdem spielt die Zerstörung der natürlichen Lebensräume der Bienen eine große Rolle. Es gibt immer weniger blühende Pflanzen. Gerade die Pflanzenvielfalt ist für Bienen sehr wichtig.

2. Welche Gründe hat das Bienensterben? Schreibe auf.

____

____

____

____

3. Überlege dir Schritte, die das Bienensterben stoppen könnten.

____

____

____

____

Schreibe einen Protestbrief an die Bauern, die auf ihren Feldern Pflanzenschutzmittel und Insektizide versprühen.

Forsche im Internet: Was bedeutet die Abkürzung CCD? Berichte deiner Klasse davon.

© PERSEN Verlag

Bienen schützen 1

1. Lies den Text.

Wir können viel für den Erhalt der Bienen tun. Damit es weiterhin viele verschiedene Arten von Bienen und Insekten gibt, muss es viele verschiedene Blütenpflanzen geben.

Gärten und Wiesen mit möglichst abwechslungsreichen Blumen sind für Bienen sehr gut. Sie mögen gerne Klee. Genauso wichtig für Bienen sind Bäume, da diese ebenfalls viele Blüten haben.

Für den Herbst sollten Blumen gepflanzt werden, da die Bienen sich im Herbst für den Winter vorbereiten müssen.

Außerdem sollten keine Pflanzengifte eingesetzt werden, da diese schädlich für die Bienen sind.

2. Beschreibe einen Garten, der gute Bedingungen für Bienen liefert. Es kann ein Fantasiegarten sein.

____

____

____

3. Male ein Bild des Gartens.

4. Zeig einem anderen Kind deinen Garten. Entscheidet gemeinsam, ob dieser Garten den Bienen gut gefallen würde.

© PERSEN Verlag

Herstellung von Insektenhotels

Wenn du Wildbienen etwas Gutes tun willst, kannst du für sie ein Insektenhotel bauen. In diesem Bienenhotel können die Wildbienen ihren Nachwuchs großziehen.

Du brauchst:

- eine leere Konservendose oder einen kleinen Topf aus Ton
- leere Rohre (Pflanzenstängel wie Schilf oder Bambus) mit einem Durchmesser von 3 bis 6 mm und einer Länge von mindestens 5 cm
- Kleber
- eine Gartenschere
- evtl. Nägel und Hammer

So geht es:

1. Schneide die Rohre mit der Gartenschere auf eine Länge. Sie sollten mindestens fünf Zentimeter lang sein. Die Rohre sollten etwas kürzer sein, als der Topf hoch ist.
2. Klebe die Halme am Boden des Topfes mit Kleber fest. Der Topf sollte komplett bestückt sein.
3. Befestige dein Insektenhotel an einem sonnigen, regengeschützten Platz.
4. Der Topf sollte so aufgehängt werden, dass die Röhre waagerecht liegen.

Viel Spaß beim Beobachten deines Insektenhotels.

© PERSEN Verlag

Bienen im Winter

1. Lies dir das Interview durch, das Wilma Waschbär geführt hat.

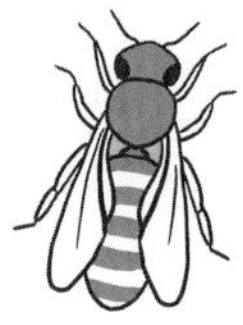

Frau Biene: Hallo Wilma, schön, dich zu sehen. Ich komme etwas näher zu dir, dann stören wir meine Kollegen nicht und sie können in Ruhe weiterarbeiten. Wir haben bis zum Ende des Herbstes noch allerhand zu tun.

Wilma Waschbär: Hallo, Frau Biene. Gut, dass ich nicht so weit zum Bienenstock muss. Es ist doch etwas viel los bei Ihnen.

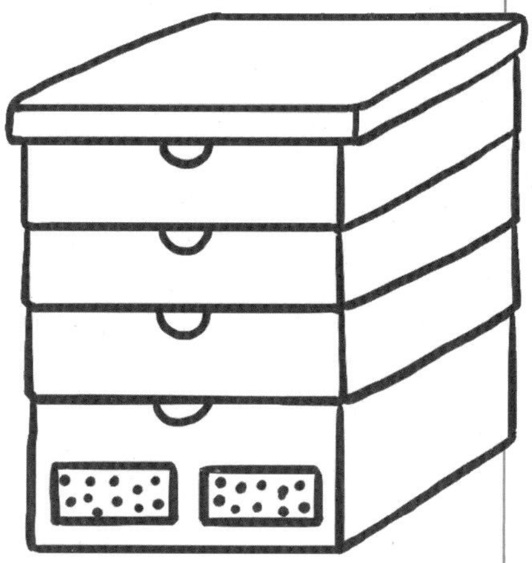

Frau Biene: Jetzt ist das noch so, doch im Winter befinden sich nicht mehr so viele Bienen im Bienenstock. Manchmal sind es nur noch ca. 10 000 Bienen, während im Sommer 50 000 Bienen im Bienenstock sein können. Die Sommerbienen leben nicht so lange, nämlich nur ein paar Wochen.

Wilma Waschbär: Und wie ist es mit den Winterbienen?

Frau Biene: Unsere Königin legt für die Winterbienen noch einmal Eier, danach legt sie keine Eier mehr. Sie legt erst wieder Eier, wenn die Temperaturen nach dem Winter wieder steigen. Die Winterbienen schlüpfen im Herbst und verbringen den Winter in ihrem Bienenstock. Die Winterbienen werden älter als die Sommerbienen, sogar mehrere Monate alt.

Wilma Waschbär: Wie können denn die Winterbienen im Bienenstock im Winter überleben?

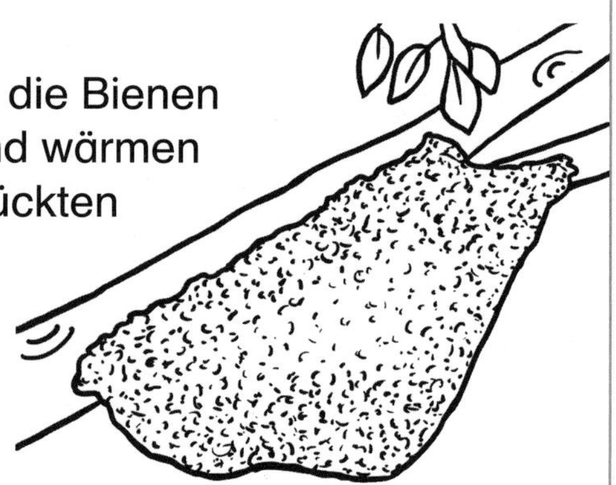

Frau Biene: Wenn es im Winter kalt ist, rücken die Bienen im Bienenstock eng zusammen und wärmen sich so. Diese eng aneinandergerückten Bienen erinnern an einen Ball und werden Wintertraube genannt. Unsere Königin befindet sich in der warmen Mitte.

Wir Bienen können selbst Wärme erzeugen. Wir lassen unsere Muskeln zittern und rücken im Bienenstock eng aneinander. Andersherum können wir Bienen bei hoher Temperatur auch Kälte erzeugen, indem wir mit unseren Flügeln schlagen und kalte Luft zufächeln und die Waben sogar mit Wasser bespucken.

© PERSEN Verlag

Bienen im Winter

Wilma Waschbär: Muss man als Biene immer an seinem Platz bleiben? Und habt ihr auch genügend Nahrung im Winter?

Frau Biene: Die Plätze werden manchmal getauscht, damit es alle Bienen mal warm haben. Da wir im Sommer für den Winter vorsorgen, haben wir meistens genügend Nahrung.
Wenn die Bienenkönigin wieder neue Eier gelegt hat und neue Bienen schlüpfen, sterben die Winterbienen.

Wilma Waschbär: Danke, Frau Biene! Ich habe wirklich viel gelernt!

2. Richtig oder falsch? Kreuze an!

Behauptung	richtig	falsch
Alle Bienen werden gleich alt.		
Im Winter wohnen nur ca. 10 000 Bienen im Bienenstock.		
Bienen fliegen auch im Winter aus dem Bienenstock.		
Im Bienenstock herrscht im Winter reges Treiben.		
Bienen erzeugen im Winter Wärme durch Zittern.		
Die Königin wird von den anderen Bienen gewärmt.		
Winterbienen schlüpfen im Herbst.		
Die Königin legt auch im Winter Eier.		
Die Bienen haben im Sommer für genügend Nahrung für den Winter gesorgt.		
Die Winterbienen leben nicht so lange wie die Sommerbienen.		

© PERSEN Verlag

Der Tanz der Bienen

1. Lies den Text.

Bienen haben eine eigene Sprache entwickelt, um sich mit anderen Bienen zu unterhalten: Sie tanzen. Durch ihre Tänze können sie anderen Bienen zeigen, wo viel Nektar zu finden ist.
Die anderen Bienen im Bienenstock sehen die tanzende Biene, fliegen zu ihr und riechen, welche Blüten die Biene gefunden hat.

Wenn die Blüten nicht weit vom Bienenstock entfernt sind, tanzt die Biene einen Rundtanz. Dieser zeigt an, dass die Futterquelle nicht weiter als 100 Meter entfernt ist. Die Biene läuft im Kreis – erst links herum, dann rechts herum. Die Länge des Tanzes zeigt an, wie viele Blüten es gibt.
Auch hier gilt: Je heftiger die Biene tanzt, desto größer ist die Futterquelle.
Wenn die Blüten jedoch weiter weg sind, tanzt die Biene einen anderen Tanz – den Schwänzeltanz. Er zeigt an, dass die Nahrungsquelle mehr als 100 Meter entfernt ist. Dieser Tanz sieht aus wie eine Acht. Sie bewegt ihr Hinterteil immer hin und her. Man sagt dazu, sie schwänzelt. Die Richtung des Tanzes zeigt an, in welcher Richtung sich die neue Futterquelle befindet. Je schneller die Biene im Kreis läuft, desto näher sind die Blüten.
Die anderen Bienen fliegen dann gemeinsam los.

2. Um welchen Tanz handelt es sich? Kreuze an.

☐ Rundtanz ☐ Schwänzeltanz

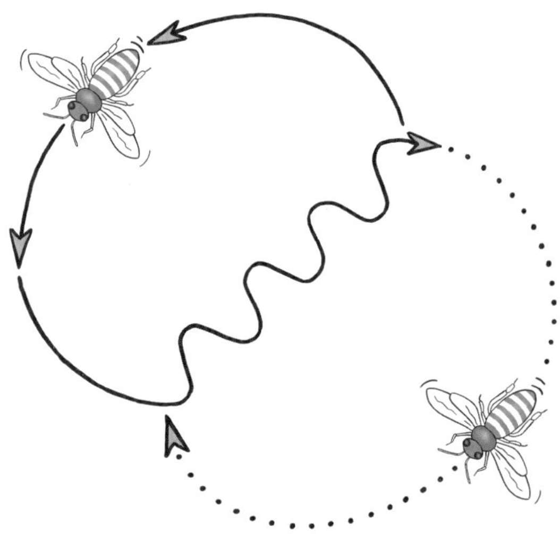

3. Beschreibe den Schwänzeltanz.

____

____

____

____

____

____

____

Du bist eine fleißige Arbeiterbiene und hast Nahrung gefunden: Tanze den Schwänzeltanz nach.

© PERSEN Verlag

Das Bienenjahr

1. **Schneide die Teile aus.**
2. **Setze die Teile zu einem Kreis zusammen und klebe ihn auf.**

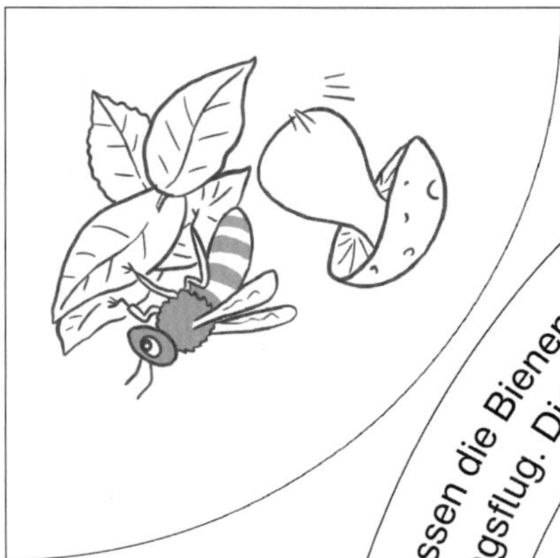

Im Frühling verlassen die Bienen den Bienenstock. Den ersten Flug nennt man Reinigungsflug. Die Bienen beginnen, sich zu vermehren.

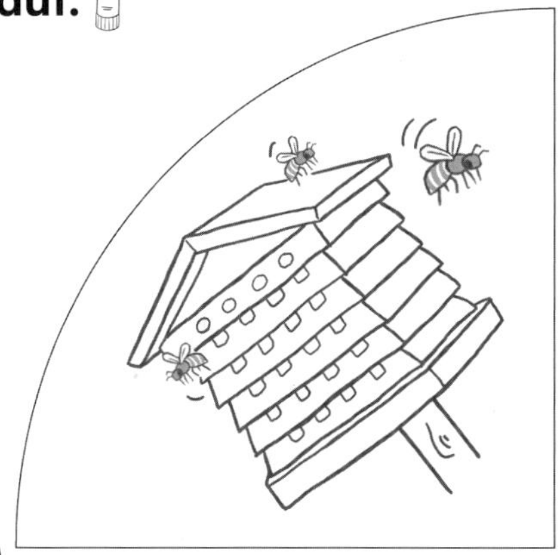

Der Herbst ist das Brutende der Bienen. Die Bienen fliegen am Ende des Herbstes nicht mehr aus. Die Winterbienen schlüpfen im Herbst.

Winter

Im Sommer sammeln Bienen fleißig Nektar und es werden Pollenvorräte angelegt. Das Bienenvolk wächst immer weiter an.

Sommer

Im Winter halten die Bienen Winterruhe. Sie finden sich zu einer Bienentraube zusammen, um sich gegenseitig zu wärmen.

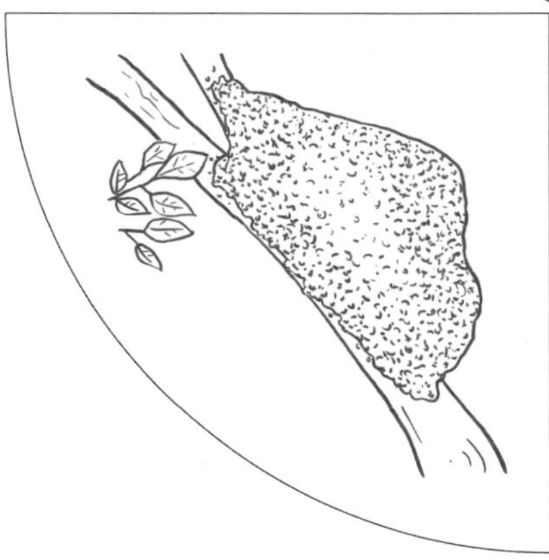

Herbst

Frühling

© PERSEN Verlag

Bienen-Elfchen

1. **Schreibe ein Bienen-Elfchen auf ein Zusatzblatt.**
2. **Lies dein Elfchen mindestens zwei Kindern vor und überarbeite es, wenn es nötig ist.**
3. **Schreibe dein Elfchen in eine ausgeschnittene Biene und male die Biene an.**

Bauform von Elfchen:

Elfchen sind kleine Gedichte, die nur aus elf Wörtern bestehen.

1. Zeile / 1 Wort – eine Farbe oder Eigenschaft: **Nützlich**
2. Zeile / 2 Wörter – ein Namenwort mit dieser Farbe oder Eigenschaft: **Das Tierchen**
3. Zeile / 3 Wörter – mehr über dieses Namenwort, was es tut oder was es ist: **Es ist wichtig**
4. Zeile / 4 Wörter – etwas über sich selbst, beginnend mit „Ich": **Ich bewundere es sehr**
5. Zeile / 1 Wort – Abschlusswort: **Biene**

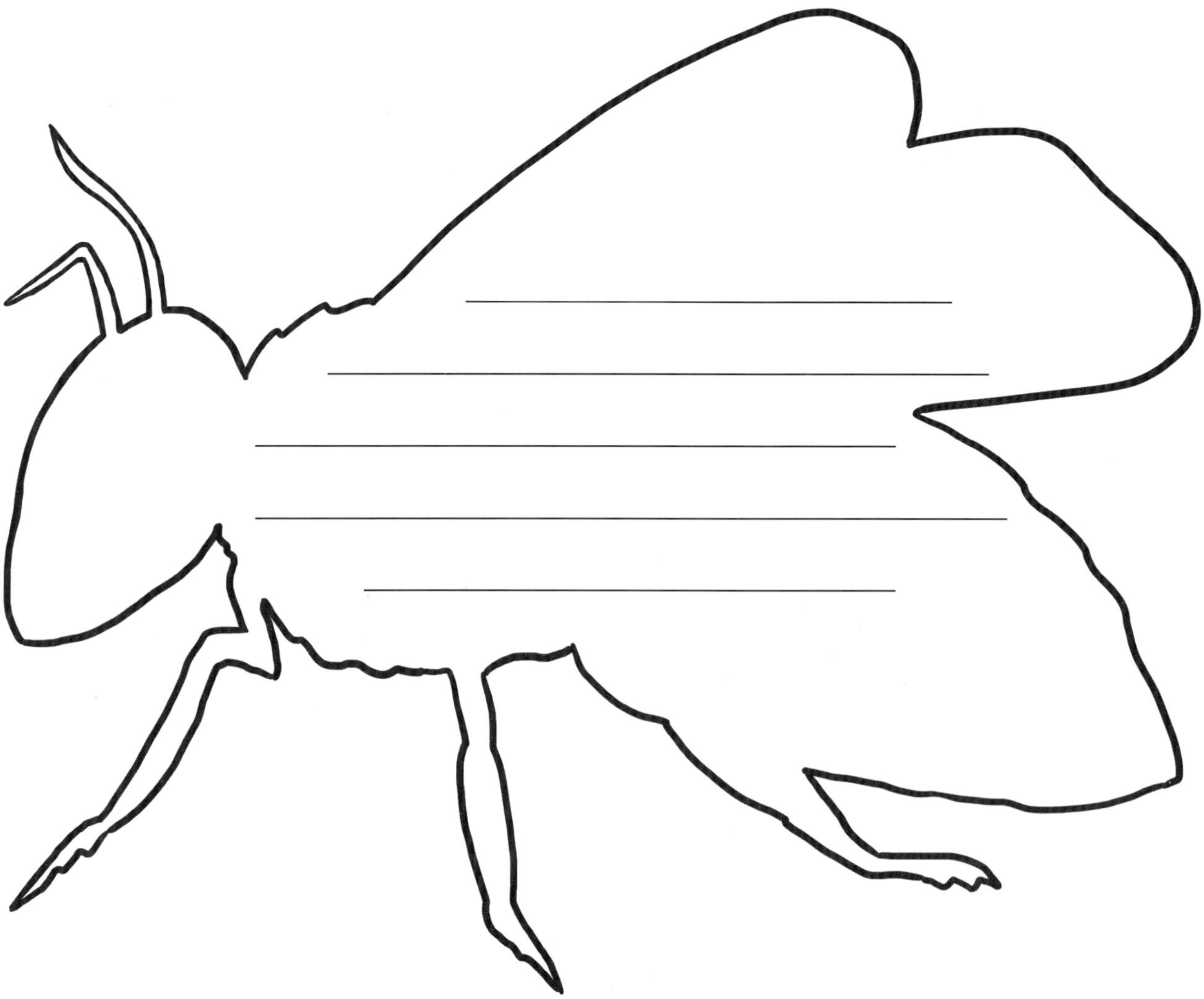

Du kannst auch ein Akrostichon zum Thema Bienen schreiben. Dafür musst du das Wort Bienen von oben nach unten auf ein Blatt Papier schreiben. Dann schreibst du Wörter zur Biene auf, die mit den Buchstaben beginnen.

© PERSEN Verlag

Bienen-Rätsel

Beantworte die Fragen.

1. Wie heißen die Augen der Bienen?
2. Welche Biene stellt unseren Honig her?
3. Wer legt bei den Honigbienen die Eier?
4. Wie heißen die männlichen Bienen?
5. Wie heißen die weiblichen Bienen?
6. Wie wird die Anhäufung von Pollen an den Hinterbeinen der Honigbiene genannt?
7. Bienen zählen zu den …
8. Womit saugt die Honigbiene den Nektar aus den Blüten?
9. Welche wichtige Aufgabe erledigen die Bienen für uns ganz automatisch?
10. Zu welcher Bienenart zählen Hummeln?

1.										2					
2.								5							
3.			3												
4.	4														
5.								6							
6.												9			
7.	8														
8.	10														
9.				7											
10.	1														

Lösungswort:

1	2	3	4	5	6	7	8	9	10

© PERSEN Verlag

Bienen-Quiz

1. **Spielt das Spiel zu zweit.**
2. **Schneidet die Kärtchen aus.**
3. **Spielablauf:**

   Der jüngere Spieler beginnt. Er liest die erste Frage vor.
   Hat der Mitspieler die Frage richtig beantwortet, erhält er die Karte.
   Ist die Antwort falsch, wird die Karte zur Seite gelegt.
   Nun ist der andere Spieler an der Reihe und darf die nächste Frage beantworten.
   Das Spiel wird so lange gespielt, bis keine Karten mehr übrig sind.
   Gewonnen hat derjenige, der die meisten Karten hat.

4. **Überlegt euch eigene Fragen und schreibt sie mit Antworten auf die leeren Karten.**

Nenne die Feinde der Bienen.
Wespen, der Mensch, Mäuse, Hornissen, Bienenwolf, Bienenfresser, Bienenlaus und Milben

Wo wohnen die Larven?
Die Larven wohnen in den Zellen im Bienenstock.

Woraus bestehen die Waben?
Die Waben bestehen aus Bienenwachs.

Was stellen Bienen her?
Wachs und Honig

Warum sind Bienen für uns so wichtig?
Sie bestäuben die Blumen.

Wie überwintern Bienen?
Die Winterbienen bilden im Bienenstock eine Traube um ihre Königin. Sie wärmen sie durch das Zittern der Muskeln.

Wie unterhalten sich die Bienen?
Die Bienen zeigen durch ihre Tänze, wo neue Blüten zu finden sind.

Womit saugt eine Biene den Nektar aus den Blüten?
Eine Biene saugt mit ihrem Rüssel den Nektar aus den Blüten.

Wie viele Beinpaare besitzen Bienen?
Bienen besitzen sechs Beine, also drei Beinpaare.

© PERSEN Verlag

Bienen-Quiz

Trinken Bienen Wasser?	Ja, Bienen trinken Wasser.
Wie werden die Augen von Bienen genannt?	Die Augen von Bienen werden Facettenaugen genannt.
Nenne die Aufgabe von Königin, Drohne und Arbeiterbiene.	Die Königin legt die Eier, die Drohnen geben den Samen zum Befruchten der Eier an die Königin ab und die Arbeiterbienen kümmern sich um die Larven, bewachen den Bienenstock und sammeln den Nektar, aus dem sie Honig herstellen.
Was ist eine Wintertraube?	Im Winter befinden sich Winterbienen im Bienenstock. Sie häufen sich zu einer Traube an.
Nenne verschiedene Honigsorten.	Waldhonig, Akazienhonig, Lindenblütenhonig …
Wovon ernähren sich Bienen?	Vom Nektar und von den Pollen der Blüten. Auch Honig und Zuckerwasser fressen Bienen.
Wie wird das Haus von Honigbienen genannt?	Es wird Bienenstock oder Beute genannt.
Wer kümmert sich um die Bienen in ihren Honigstöcken?	Der Imker
Was passiert mit einer Biene, wenn sie gestochen hat?	Die Biene stirbt.
Was ist eine Wächterbiene?	Eine Wächterbiene sorgt dafür, dass keine fremden Bienen oder andere Insekten in den Bienenstock gelangen.

Bienen-Memo

1. **Schneide die Karten aus.**
2. **Mische die Karten und lege sie verdeckt auf einen Tisch.**
3. **Spiele das Spiel mit einem Partner.**

Bienen-königin	Arbeiterin	Drohne	Hummel
Bienen-stock	Honig	Bienen-wabe	Imker
	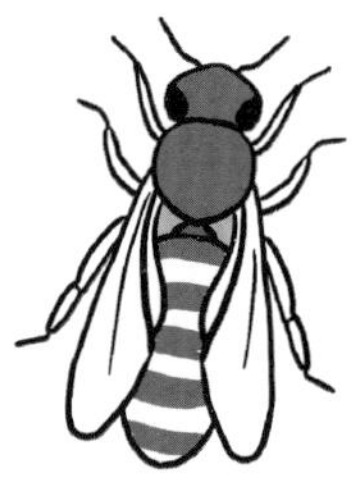	Bienen-tanz	Wespe
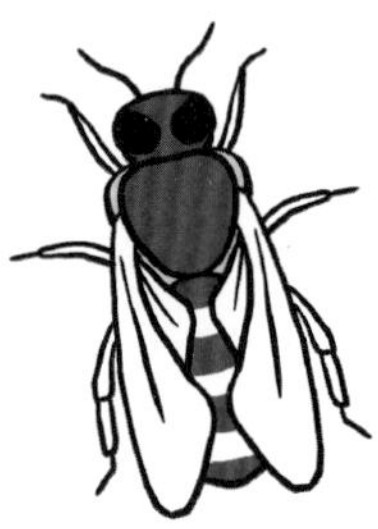			
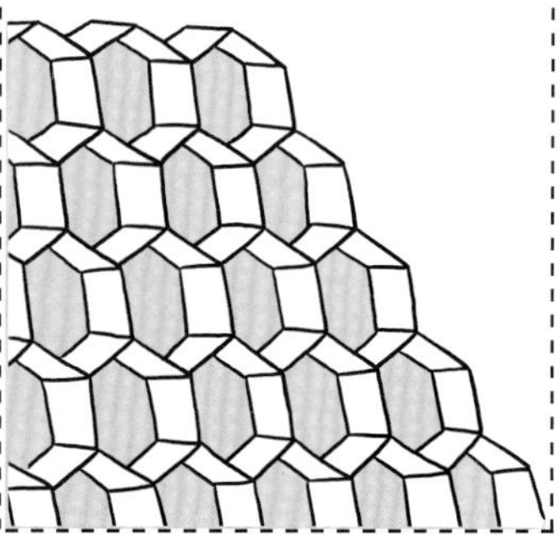			

© PERSEN Verlag

Lernzielkontrolle

Name: ______________________________ Datum: ______________

1. Welche Arten aus der Familie der Bienen kennst du? Nenne zwei.

____

____

2. Woran kannst du erkennen, dass Bienen zu den Insekten zählen?

____

____

____

3. Benenne die Körperteile.

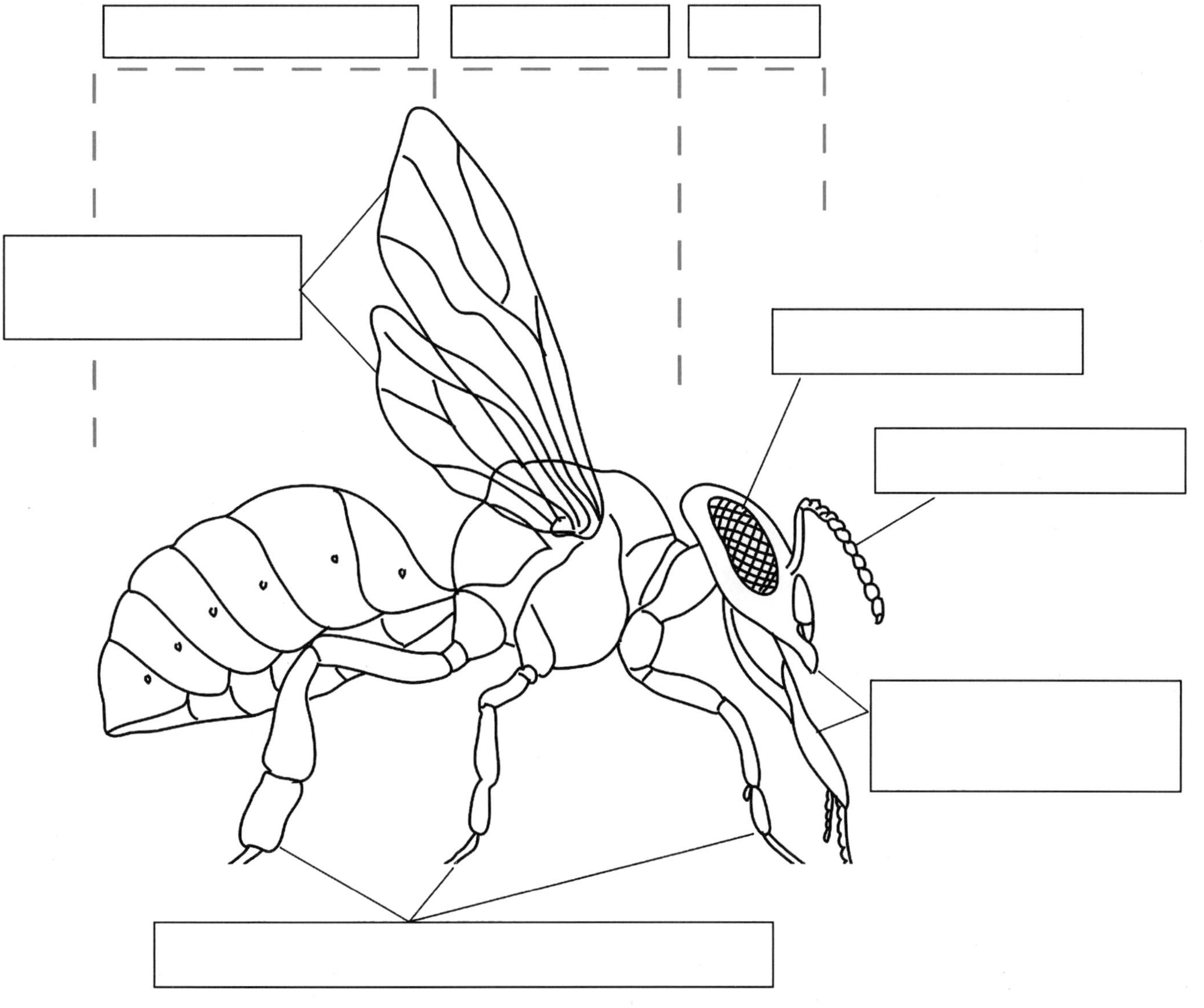

4. Beschreibe die Aufgaben der verschiedenen Bienen.

Königin:

Drohne:

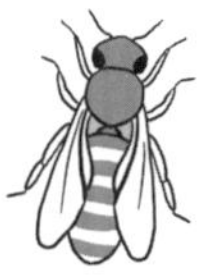

Arbeiterin:

5. Beschreibe die Entwicklung der Biene.

①

②
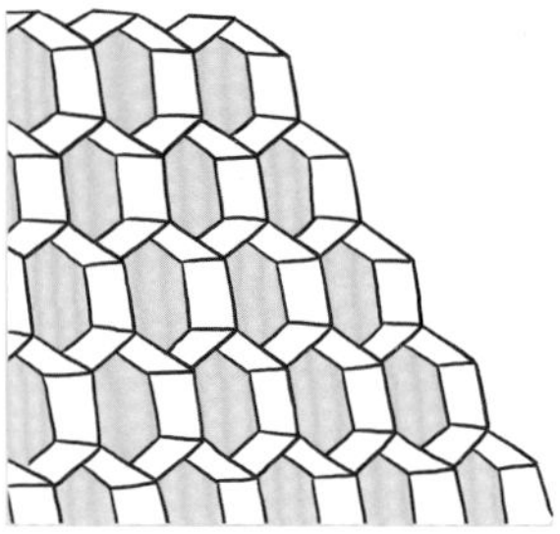

③
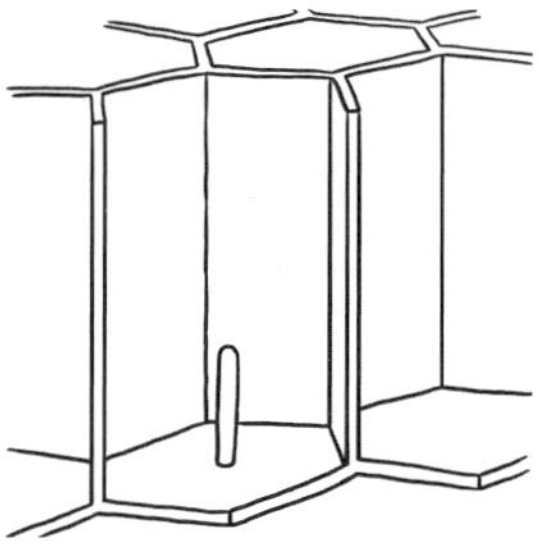

④

⑤

⑥
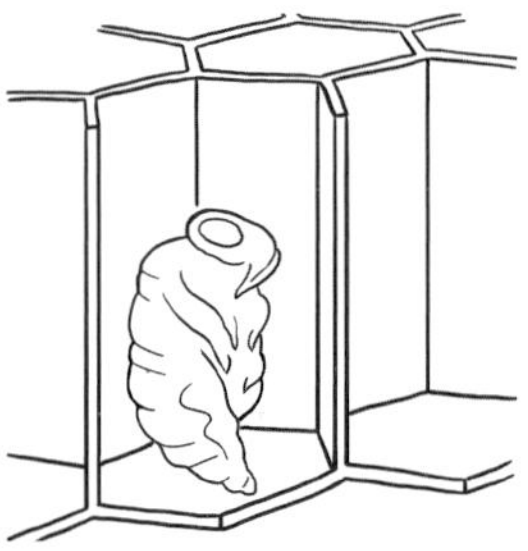

⑦
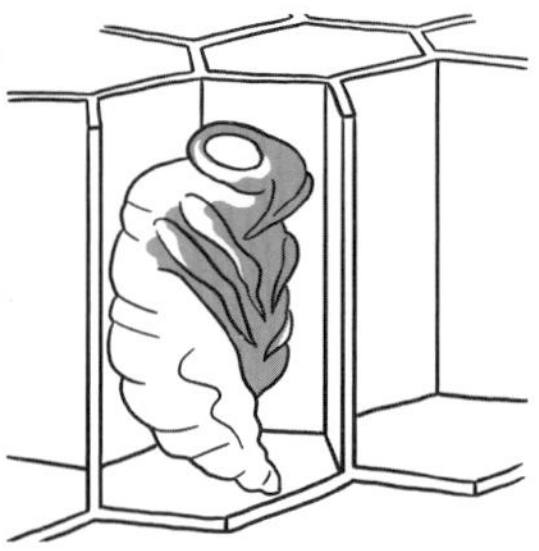

⑧

①

②

③

© PERSEN Verlag

④

⑤

⑥

⑦

⑧

6. Welche Pflanzen mag die Biene am liebsten? Nenne mindestens vier.

7. Welche Feinde hat die Biene? Nenne mindestens fünf.

8. Wie zeigen Bienen, dass sie eine gute Nahrungsquelle gefunden haben?

9. Erkläre, wie Bienen überwintern.

10. Was könnte es für uns bedeuten, wenn es gar keine Bienen mehr auf der Welt gibt?

© PERSEN Verlag

Fachbegriffe zum Thema Bienen

Arbeiterin	Die Arbeiterbienen werden leider nur bis zu sechs Wochen alt. Sie kümmern sich um die Zellen, versorgen den Nachwuchs, bewachen den Bienenstock und sammeln Pollen und Nektar. Sie stellen den Honig her.
Bienenstock 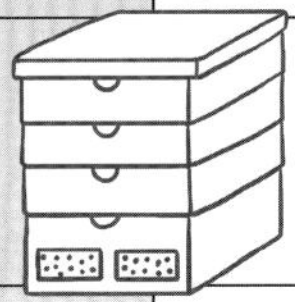	Die Honigbienen leben in einem Bienenstock. Sie leben in einem großen Volk mit einer Königin zusammen. Der Bienenstock wurde von einem Imker aufgestellt.
Drohne	Die männlichen Bienen, die Drohnen, entwickeln sich aus den unbefruchteten Eiern. Sie haben keinen Stachel. Sie haben die Aufgabe, sich mit der Königin zu paaren.
Facettenaugen	Bienen zählen zu den Insekten. Sie besitzen Facettenaugen. Diese Augen bestehen aus vielen Tausend Augen.
Feinde und Gefahren/ Bienensterben	Die Biene hat viele Feinde: Vögel, Wespen, Spinnen und Mäuse, Bienenwolf, Milben und Bienenfresser. Auch wir Menschen sind Schuld am Sterben der Bienen. Um die Pflanzen auf dem Feld vor Ungeziefer zu schützen, werden oft Schutzmittel gespritzt. Diese sind aber schädlich für die Bienen.
Größe, Gewicht und Aussehen 	Die Biene ist sehr leicht. Die Arbeiterbienen sind nur 82 Milligramm schwer. Sie werden ca. 11–13 Millimeter lang. Die Biene hat einen dreigeteilten Körper. Sie hat sechs Beine. Der ganze Körper ist behaart und dunkelbraun. Die hellen Haare der Biene lassen sie gestreift aussehen.
Imker	Imker sind Bienenzüchter, die sich um die Züchtung, Haltung und Vermehrung von Bienen kümmern. Sie kümmern sich auch um die Herstellung von Honig.
Königin	Es gibt nur eine Königin pro Bienenvolk. Die Königin ist etwas größer als die anderen Bienen. Sie legt die Eier, ist also für den Nachwuchs zuständig. Bienenköniginnen überwintern und leben länger als die anderen Bienen, bis zu vier Jahre werden sie alt.
Larven 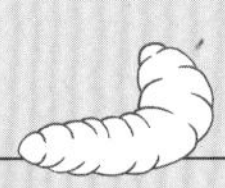	Die Königin legt die Eier in die vorbereiteten Zellen. Sie legt bis zu 2000 Eier am Tag. In jede Zelle ein Ei. Nach vier Tagen schlüpft aus dem Ei eine Larve.
Nachwuchs	Die Bienenkönigin legt die Eier. Sie legt in jede Zelle genau ein Ei. Die Larven schlüpfen nach vier Tagen und am 21. Tag schlüpft die Biene aus den Zellen.
Nahrung	Bienen sind Vegetarier, sie fressen also nur pflanzliche Nahrung. Bienen sammeln Nektar und Blütenpollen von den Pflanzen. Besonders gerne mögen sie Klee, Löwenzahn, Sonnenblumen, Raps und Apfelbäume. Auch Honigtau fressen sie. Außerdem trinken sie Wasser.
Pollenhöschen	Die Pollenhöschen befinden sich an den Oberschenkeln der Biene. Sie bilden sich, wenn die Biene von Blüte zu Blüte fliegt und so Pollen sammelt.

© PERSEN Verlag